AF463116

ORDONNANCE DU ROI,

Concernant ses Gardes-du-Corps, & leur résidence & police dans les quartiers.

Du 28 Décembre 1758.

DE PAR LE ROI.

SA MAJESTÉ s'étant fait rendre compte des règlemens, décisions & usages qui concernent le service de ses Gardes-du-Corps, Elle auroit reconnu que la pluspart des dispositions qu'ils renferment, ne sont point suffisamment constatées ou assez authentiques; qu'il est plusieurs points importans auxquels il n'a pas été pourvû, & qu'il en est d'autres sur lesquels il s'est introduit des abus. Le genre du service des Gardes-du-Corps, plus spécialement affecté que celui d'aucune autre troupe à la personne sacrée des Rois, dont la garde leur est confiée; la manière dont ce Corps a été & est composé, leurs services à la guerre, & les exemples qu'offre l'histoire de la monarchie de batailles dont le ſort a été décidé par leur valeur; tous ces motifs font ſentir combien il eſt eſſentiel & important que la première troupe du royaume puiſſe, à tous égards, ſervir aux autres d'exemple & de modèle. Pour remplir ſes vûes Sa Majeſté auroit conſidéré que les places vacantes dans les compagnies de ſes Gardes, qui ne ſont point données aux Officiers du Corps, étoient dans leur origine accordées pour récompenſes aux Officiers de Cavalerie & de Dragons les plus diſtingués par leurs ſervices comme par leur naiſſance, capables par leur expérience, comme par leur réputation, de conduire les Gardes à la guerre, & de leur inſpirer de la confiance; qu'on ne peut apporter trop d'attention au choix de ſes Gardes; qu'il eſt indiſpenſable & néceſſaire de raſſembler les brigades de chaque compagnie dans un même quartier; que rien n'eſt plus contraire à l'eſprit militaire que la diſperſion continuelle des membres du même corps, & qu'on ne peut former des troupes aux exercices, & les accoûtumer à la diſcipline, qu'en les réuniſſant dans un même lieu, en leur y faiſant obſerver une police exacte, & en les y exerçant fréquemment. En conſéquence, Sa Majeſté a ordonné & ordonne ce qui ſuit :

DU CHOIX DES OFFICIERS.

ARTICLE PREMIER.

Chefs de Brigade, tirés de la Cavalerie, doivent être Colonels ou Lieutenans-colonels en pied.

LES Enſeignes & Exempts des Gardes-du-Corps, continueront à être tirés alternativement du Corps, & de la Cavalerie ou des Dragons. Les Colonels & Lieutenans-colonels de Cavalerie ou de Dragons, ne pourront être pourvûs de brigades qui viendront à vaquer au tour de la Cavalerie, qu'ils n'aient ſervi avec diſtinction, & qu'ils ne ſoient Colonels ou Lieutenans-colonels en pied.

I I.

Services requis pour être Exempt.

AUCUN Capitaine de Cavalerie ou de Dragons, ne pourra être pourvû des places d'Exempts qui viendront à vaquer au tour de la Cavalerie, qu'il n'ait servi avec distinction au moins pendant dix ans dans les troupes de Sa Majesté en qualité d'Officier, dont cinq en celle de Capitaine avec troupe.

III.

Défense de faire des arrangemens particuliers à l'occasion des retraites.

SA MAJESTÉ fait très-expresses inhibitions & défenses de laisser vendre directement ni indirectement aucun emploi dans ses Gardes, ni de laisser rien donner par l'Officier qui entre dans le Corps à celui qui en sort pour l'engager à se démettre de son emploi, sous peine à celui qui seroit entré dans ses Gardes par une pareille voie, d'être cassé; ordonne Sa Majesté au Major de ses Gardes de tenir la main à ce qu'un pareil abus n'ait lieu.

IV.

Choix des Gardes.

PERSONNE ne pourra être présenté pour être Garde-du-Corps, qu'il ne soit né sujet de Sa Majesté, de la religion Catholique, Apostolique & Romaine, de la taille de cinq pieds cinq pouces au moins, & de maintien convenable; qu'il ne soit Gentilhomme ou de famille vivant noblement, & dont les mœurs & la conduite ne soient attestées par les certificats authentiques de l'Intendant & de quatre Gentilshommes de la province de sa naissance ou de son domicile, ainsi que par les certificats des Officiers commandans les Corps où il pourra avoir servi. Il présentera son extrait baptistaire au Major, pour justifier de son âge.

V.

Réception des Gardes.

NUL Garde ne pourra être reçû que par le Roi.

VI.

Serment des Gardes.

LES Gardes admis, ne recevront la bandoulière, qu'après avoir prêté serment entre les mains du Capitaine en quartier.

VII.

Registre ou Contrôle du Major, des Aides-majors, Brigadiers & Sous-brigadiers.

LE Major des Gardes tiendra un registre, contenant le contrôle de tous les Gardes, où il enregistrera tous les nouveaux Gardes, après avoir vérifié s'ils ont toutes les qualités requises; ce registre contiendra le nom, le furnom, la naiffance, l'âge, les fervices, la note des certificats, le fignalement & le domicile ordinaire de chaque Garde, ainfi que le nom de la perfonne qui l'aura préfenté: Les Aides-majors des compagnies tiendront un pareil regiftre pour les Gardes de leur compagnie, & les Brigadiers & Sous-brigadiers pour les Gardes de leur brigade.

VIII.

Billet de réception.

TOUT Garde nouvellement admis, recevra du Major fon billet de réception, pour être remis entre les mains de l'Aide-major de la compagnie où il aura été reçû, & celui-ci le donnera au Commiffaire de la compagnie à la première revûe.

IX.

Réfidence des nouveaux Gardes dans les quartiers.

TOUT Garde nouvellement reçû, fera tenu de fe rendre fans délai au quartier de fa compagnie, à l'effet d'y réfider fix mois de fuite, & s'il n'y eft pas rendu dans un mois, à compter du jour de la date de fa réception, à moins d'excufe valable & légitime, dont l'Aide-major rendra compte à fon Capitaine, il fera rayé du rôle de la compagnie.

X.

Conditions requifes pour fervir près du Roi.

AUCUN Garde ne pourra fervir près de la perfonne de Sa Majefté, qu'il n'ait au moins un an de réception & de fervice au quartier, & qu'il n'ait été reconnu par fes Officiers, durant fon année de réfidence au quartier, pour un homme de bonne vie & de bonnes mœurs.

XI.

Gardes furnuméraires.

TOUS les Gardes qui feront admis comme furnuméraires, feront fujets aux mêmes règlemens que les Gardes en pied, & remplaceront les Gardes en pied, fuivant l'ordre de leur réception,

ROUTE, ET LOGEMENT EN ROUTE.

XII.

Ordre dans la marche.

LORSQUE les Gardes-du-Corps de Sa Majefté marcheront, ils feront toûjours en bon ordre, les Officiers à à leurs poſtes; les Gardes dans leur rang, ſans qu'aucun en puiſſe ſortir qu'avec la permiſſion de l'Officier commandant.

XIII.

Ordre pour les Valets.

ON fera marcher quelques heures avant la Troupe, tous les valets de chaque compagnie, ſous les ordres d'un Brigadier par compagnie, & d'un Garde par brigade, pour les empêcher de s'écarter & de commettre aucun deſordre, dont le Brigadier ſera reſponſable.

XIV.

Arrivée & départ des Gardes.

LES Gardes, en arrivant dans le lieu du logement, ſe mettront en bataille ſur la place, ou autre terrein convenable, d'où il ſera fait un détachement d'un Brigadier & d'un Sous-brigadier par compagnie & de quatre Gardes par brigade, pour porter les étendards chez le Commandant du Corps. Les timbales ſeront pareillement portées chez le Commandant, & eſcortées de la même manière. Avant que de ſe remettre en marche, un pareil détachement ira reprendre les étendards & les timbales; & l'Officier commandant fera de nouveau mettre les Gardes en bataille ſur la place ou autre terrein convenable où il reſtera quelque temps en bataille, juſqu'à ce que tous les Gardes aient joint, qu'on ait fait l'appel dans les brigades, & que les habitans, ſi le cas y échoit, aient porté leurs plaintes, auquel cas il y pourvoira, & les fera réparer ſur le champ.

XV.

Fonctions des Commiſſaires en route.

LES Commiſſaires ſuivront les compagnies auxquelles ils ſont attachés lorſqu'elles ſeront en marche; ils veilleront à la police des Gardes, à faire fournir les logemens & l'étape, ſuivant les règlemens de Sa Majeſté: en cas de difficulté ſur la fourniture de l'étape, ils s'adreſſeront à l'Intendant, & en ſon abſence, à ſon Subdélégué, pour les faire lever; & ils rendront compte à leur Capitaine, à celui qui ſera en quartier & au Secrétaire d'État ayant le département de la guerre, des difficultés qui ſeroient ſurvenues dans les routes au ſujet des logemens & pour la fourniture des étapes.

XVI.

Fourriers tenus de préparer les logemens.

LE Commandant fera toûjours partir un jour à l'avance un Garde de chaque compagnie, faiſant les fonctions de Fourrier, avec un ou deux autres Gardes choiſis, pour donner avis de leur arrivée aux Officiers municipaux des villes où ils devront loger, afin d'éviter les embarras & de prévenir les difficultés qui peuvent occaſionner des diſputes & du deſordre : ces Gardes feront préparer les logemens, & viſiteront les étapes.

XVII.

Officiers & Gardes qui iront au logement.

LES Aides-majors partiront tous les jours de marche, à la pointe du jour, pour aller devant, avec un Brigadier & un Sous-brigadier par compagnie, & deux Gardes auſſi par brigade, pour faire les logemens conjointement avec les Commiſſaires des compagnies & les Maire & Échevins des lieux, tant pour les Gardes que pour leurs chevaux, le plus commodément qu'il ſera poſſible, & de manière que les brigades ſoient enſemble, & à proximité autant que les lieux le comporteront.

XVIII.

Examen & diſtribution des vivres & fourrages.

A l'arrivée des Aides-majors dans les lieux où les compagnies devront loger, ils enverront un Brigadier ou Sous-brigadier viſiter les magaſins de fourrages, pour voir ſi la qualité en eſt bonne, & ſi les poids portés par l'ordonnance s'y trouvent. Le Brigadier ou Sous-brigadier reſtera dans le magaſin, conjointement avec un des deux Gardes détachés par brigade, pour faire faire la fourniture à toute la compagnie. Leſdits Aides-majors enverront pareillement un autre Brigadier ou Sous-brigadier pour examiner la fourniture de bouche, & veiller à ſa diſtribution.

XIX.

Diſtribution des logemens.

UN des deux Gardes détachés de chaque brigade pour aller en avant avec l'Aide-major, diſtribuera les billets de logement aux valets des Officiers & Gardes, & ſe trouvera à l'arrivée de la troupe pour donner aux Officiers & Gardes les renſeignemens néceſſaires; un d'eux indiquera le logement du Commandant, où doivent être portés les étendards & les timbales: chacun d'eux remettra le contrôle ou état du logement des Officiers & Gardes de ſa brigade, au Commandant, à l'Aide-major, au Sous-aide-major & au Chirurgien: il ſera auſſi remis au Commandant & au Brigadier de chaque brigade, le contrôle ou l'état particulier du logement de ſa brigade, ainſi qu'au Maréchal-ferrant attaché à ladite brigade.

X X.

Logement chez les exempts.

Le logement des Gardes ſe fera chez les perſonnes exemptes ou non exemptes, privilégiées ou non privilégiées, en obſervant néanmoins de n'aſſeoir de logement chez les perſonnes exemptes & privilégiées, qu'autant qu'il ne s'en trouveroit pas aſſez de convenables chez les perſonnes non exemptes; voulant Sa Majeſté que les eccléſiaſtiques & les gentilshommes & Officiers militaires ne ſoient ſujets au logement des Gardes pour les maiſons qu'ils occupent perſonnellement, que dans le cas d'une néceſſité indiſpenſable.

X X I.

Billets donnés au refus des Échevins.

Si les Échevins refuſoient d'expédier des billets de logemens chez des exempts lorſqu'il ne s'en trouvera pas aſſez de bons chez les non exempts, le Commiſſaire des Gardes, ou en ſon abſence l'Officier-major, pourra les expédier ſeul, & les habitans devront ſe conformer auxdits billets, comme s'ils avoient été ſignés par les Échevins, à peine de deſobéiſſance: cependant comme l'intention de Sa Majeſté eſt que le Commiſſaire, & à ſon défaut l'Aide-major, n'abuſe pas de cette faculté, Sa Majeſté veut que dans le cas où il ſera obligé de donner des billets ſans le conſentement des Échevins, il ſoit tenu d'en dreſſer procès verbal, & de l'envoyer au Secrétaire d'État ayant le département de la guerre, au Capitaine de la compagnie, & à celui qui ſera de quartier auprès du Roi.

RÉUNION DES BRIGADES *de chaque Compagnie dans un même quartier, & résidence dans les quartiers.*

XXII.

Réunion des brigades de chaque compagnie dans un ou deux quartiers.

LES brigades de chaque compagnie, qui occupent différens quartiers, seront desormais réunies en un seul & même quartier, autant que la capacité des lieux pourra le permettre, mais du moins trois brigades ensemble, suivant les ordres de Sa Majesté qui leur en seront incessamment envoyés; & seront lesdits quartiers de chaque compagnie changés tous les quatre ans, en conséquence pareillement des ordres qui en seront donnés par Sa Majesté.

XXIII.

Résidence des Chefs de brigade & des Exempts.

IL y aura constamment de résidence au quartier de chaque compagnie, un Chef de brigade & deux Exempts, qui seront relevés tous les trois mois; dans le cas où la compagnie occuperoit deux quartiers, lesdits Officiers y seroient partagés suivant l'arrangement qu'en feroit le Capitaine de ladite compagnie: il y aura pareillement trois Brigadiers & trois Sous-brigadiers de résidence, & ne pourront aucun d'eux, durant le temps de leur résidence quitter le quartier, qu'ils ne soient relevés, quand même ils auroient obtenu des congés.

XXIV.

Résidence des Aides-majors & Sous-aides-majors.

LES Aides-majors des compagnies résideront dans les quartiers, autant que la nature & la diversité de leurs fonctions, & l'exécution des ordres de leurs Capitaines pourront le leur permettre: Les Sous-aides-majors seront tenus de faire une résidence constante dans les quartiers, d'y suppléer à toutes les fonctions des Aides-majors, en leur absence, & de les informer de tout ce qui y surviendra, relativement aux Gardes & à leur service, afin que lesdits Aides-majors en puissent rendre compte à leur Capitaine & au Major.

XXV.

Tous les Gardes, hors ceux de ſervice ſur le guet, ſeront tenus de réſider dans leur quartier, avec pouvoir à leur Capitaine de donner des congés à ceux qu'ils jugeront être dans le cas de les obtenir, pourvû que le nombre deſdits congés n'excède pas le tiers de la compagnie.

Réſidence des Gardes.

XXVI.

Les Gardes qui s'abſenteront du quartier, ſans congé, ſeront rayés du contrôle de la compagnie, & même punis de plus griéves peines, ſuivant les circonſtances.

Abſens ſans congé.

XXVII.

Le premier homme d'armes ſera tenu de réſider au quartier de deux années une, & les vingt-quatre Gardes de la manche à la réſidence ordinaire des Gardes.

Premier homme d'armes, & Gardes de la manche.

XXVIII.

Les Porte-étendards ſeront tenus à la même réſidence que les Gardes.

Porte-étendards.

XXIX.

Les Timbaliers & Trompettes réſideront conſtamment au quartier de leur compagnie, s'y exerceront à battre & à ſonner, & ne pourront s'abſenter ſans congé, ſous peine d'être renvoyés.

Timbaliers & Trompettes.

XXX.

Nul Officier de réſidence au quartier, ne pourra s'en abſenter, ne fût-ce que pour une nuit, ſans la permiſſion par écrit de l'Officier commandant, & qu'après en avoir informé l'Aide-major; ne pourront leſdites permiſſions excéder le terme de huit jours: Les Officiers iront, à leur retour, rendre compte de leur arrivée à l'Officier commandant, & en informeront l'Aide-major; & faute par eux d'être revenus à l'expiration de leur permiſſion, ils ſeront mis en priſon & y ſeront détenus autant de jours qu'ils auront manqué à ſe rendre à leur devoir; il en ſera uſé de même à l'égard des Gardes qui ſeront tenus d'informer de leur abſence & retour, le Brigadier ou Sous-brigadier de leur brigade.

Permiſſion de s'abſenter des quartiers.

XXXI.

[illegible] & de [illegible] tenu par les Brigadiers & Sous-brigadiers.

Les Brigadiers & Sous-brigadiers seront tenus, indépendamment du contrôle de la réception des Gardes, de tenir un registre des congés & permissions de s'absenter, qui seront donnés aux Gardes de leur brigade, ainsi que de leur arrivée & retour dans les quartiers, & le même registre servira à y inscrire tous les ordres particuliers qu'ils pourront recevoir durant leur résidence dans les quartiers.

XXXII.

État des Officiers & Gardes de résidence & des absens, remis au Roi tous les trois mois.

Les Aides-majors des compagnies enverront tous les trois mois à leur Capitaine & au Major, l'état des Officiers & Gardes qui doivent résider au quartier, & de ceux qui en auront été absens, & le Major donnera deux copies de cet état au Capitaine en quartier, qui en remettra une au Roi.

XXXIII.

Discipline des Valets.

Les valets des Gardes-du-Corps seront sous la discipline de l'Officier qui commandera dans le quartier, pour tout ce qui aura rapport à leur service, & pour cet effet la Maréchaussée sera tenue de les arrêter à sa réquisition ; lesdits valets ne pourront s'absenter sans congé, & ceux qui voudront quitter, seront tenus d'en avertir au moins un mois d'avance, quand même ils auroient pris des engagemens par écrit pour un temps fixe, auquel cas ils doivent prévenir qu'ils ne sont pas dans l'intention de les renouveler, & s'ils partoient sans faire cet avertissement, ou avant l'expiration du mois après l'avoir fait, en ces deux cas ils seront punis par la prison.

ÉTABLISSEMENT DES LOGEMENS DANS LES QUARTIERS.

XXXIV.

Assiette des logemens dans les quartiers.

Les logemens seront faits dans les quartiers, de concert entre les Maire & Échevins, les Commissaires des compagnies & les Aides-majors, ainsi qu'il est porté aux articles XVII, XIX, XX & XXI de la présente ordonnance.

XXXV.

Les Commiſſaires ne pourront refaire les logemens qui auront été faits en leur abſence par les Maire & Échevins, de concert avec les Aides-majors des compagnies, & ſe contenteront du contrôle qui leur en ſera donné à leur arrivée.

Commiſſaires ne pourront changer les logemens faits en leur abſence.

XXXVI.

Les Gardes ſeront logés ſéparément, autant que faire ſe pourra, & par brigade de proche en proche; la diſtribution des billets de chaque brigade ſe fera après les avoir mêlés, & en les tirant au haſard.

Diſtribution des billets de logement.

XXXVII.

Les hôtes des Gardes leur fourniront une chambre à cheminée, un lit garni de deux matelas, d'une paillaſſe, de deux couvertures & d'une paire de draps qui ſera renouvelée tous les quinze jours, une table, quelques chaiſes, un coffre & une armoire fermante à clef, & deux ſerviettes par ſemaine. Et afin d'ôter tout ſujet de conteſtation ſur le logement, ce ne ſera qu'après que les hôtes auront choiſi leurs chambres, que les Gardes pourront prendre dans la maiſon celle qui leur conviendra le mieux.

Fourniture des hôtes.

XXXVIII.

L'intention de Sa Majeſté étant que ſes Gardes s'accoûtument à vivre comme s'ils étoient à la guerre, les hôtes ne pourront s'oppoſer, ſous quelque prétexte que ce ſoit, à ce que les Gardes faſſent ordinaire chez eux, par chambrées compoſées de quatre Gardes chacune; auquel effet les hôtes deſdits quatre Gardes fourniront chaque mois, pendant une ſemaine ſeulement, pour l'ordinaire de ladite chambrée, le feu pour cuire la viande & la ſoupe, huit ſerviettes, deux nappes, une marmite, & les plats, aſſiettes, cuilliers & fourchettes, ſiéges & autres uſtenſiles néceſſaires pour la table.

Ordinaire des Gardes.

XXXIX.

Il ſera auſſi fourni dans les maiſons occupées par les Gardes, des logemens pour leurs valets, autres que ceux

Logement des Valets.

qui pansent leurs chevaux, desquels valets les Gardes seront responsables. Il sera pareillement fourni des logemens aux palefreniers à proximité des écuries.

XL.

Défense aux Gardes d'exiger que ce qui est prescrit.

Au moyen de ce qui est porté par les articles précédens, les Gardes ne pourront exiger autre chose de leurs hôtes, non plus que de leurs domestiques, ni les obliger d'aller chercher des vivres : & il leur est enjoint d'avoir pour leurs hôtes tous les égards convenables.

XLI.

Plaintes des hôtes contre les Gardes.

Si les hôtes se plaignent que les Gardes rentrent à des heures indûes, le Commandant fixera auxdits Gardes l'heure, passé laquelle les hôtes ne seront plus tenus d'ouvrir leurs portes, & les Gardes seront punis de prison pour ne s'y être pas conformés. Il est enjoint au Commandant de faire aux hôtes bonne & prompte justice des justes plaintes qu'ils pourront lui porter.

XLII.

Changement de l'assiette des logemens.

L'assiette des logemens subsistera pour un an, telle qu'elle aura été établie & réglée entre les Aides-majors, les Commissaires des compagnies & les Maire & Échevins; & pourra même être continuée pour les années suivantes, s'il ne s'y trouve aucun inconvénient. Le changement ne pourra s'en faire en aucun cas, que de concert entre l'Officier commandant & lesdits Aides-majors, Commissaires des compagnies, & Maire & Échevins; pourra néanmoins le Commandant, en cas de desordre, envoyer un Garde à la place d'un autre pour éviter les inconvéniens qui en pourroient arriver.

DISCIPLINE ET SUBORDINATION.

XLIII.

Injonction de porter les uniformes.

Les Officiers & Gardes, de résidence aux quartiers, seront tenus de porter leur uniforme, & si aucun s'en dispense, il sera mis aux arrêts : enjoint Sa Majesté à l'Officier commandant d'en donner lui-même l'exemple.

XLIV.

XLIV.

SA MAJESTÉ veut & ordonne que tous les Officiers & les Gardes rendent le respect & obéissance à leurs supérieurs en toutes choses, quoiqu'ils leur commandent, sauf à eux de se plaindre s'ils en ont sujet.

Respect & obéissance envers les supérieurs.

XLV.

S'IL arrivoit qu'un Garde manquât d'obeissance ou de respect à un de ses Officiers, l'Officier commandant commencera par faire mettre le Garde en prison, & en donnera aussi-tôt avis à ses supérieurs.

Punition pour le défaut de subordination.

XLVI.

LES Aides-majors, & en leur absence les Sous-aides-majors, iront tous les jours prendre l'ordre de l'Officier commandant, & le donneront aux Brigadiers & Sous-brigadiers pour être rendu aux Gardes.

Ordre.

XLVII.

LE ROI n'entend & ne veut que la bandoulière puisse empêcher d'arrêter & de conduire en prison un Garde qui se trouveroit impliqué dans une affaire criminelle, & qui seroit surpris en flagrant-délit, ou dans un desordre & un tumulte qui arriveroit pendant la nuit; sauf à ceux qui auroient, dans lesdits cas, arrêté un Garde du Roi, d'en informer le lendemain l'Officier commandant, soit pour ôter au Garde sa bandoulière & le remettre à la Justice, soit pour retirer le Garde, & le faire punir conformément aux règles de la discipline militaire, suivant l'exigence des cas.

Bandoulière.

POLICE.

XLVIII.

LES Chefs de brigade qui seront de résidence dans les quartiers, encore qu'ils aient le grade d'Officiers généraux, seront tenus de se conformer pour leur table à ce qui est prescrit par les articles XV, XVI & XVII de l'ordonnance du 3 juin 1758, pour la table des Colonels; en conséquence leur table ne pourra être au plus que de dix couverts, le nombre des plats de dix, & le

Table des Officiers.

dessert sera simple, sans glaces, crystaux & figures de porcelaine; Sa Majesté déclare ce même règlement commun aux Exempts : enjoint expressément aux Aides-majors & Sous-aides-majors, en cas de contravention, d'en informer les Capitaines de leur compagnie, le Capitaine de service auprès de Sa Personne, & le Major pour lui en rendre compte.

XLIX.

Inspection des Brigadiers & Sous-brigadiers sur la conduite des Gardes.

LES Gardes vivront dans leurs quartiers dans la plus exacte discipline; Sa Majesté enjoint particulièrement aux Brigadiers & Sous-brigadiers, comme étant plus à portée de voir & de connoître les Gardes, de veiller à leur conduite, & de les maintenir sur le ton de régularité & de décence qui conviennent à leur naissance, état & profession : ils informeront le Commandant & l'Aide-major de tout ce qui pourroit y être contraire, & si aucuns d'eux sont suspectés de négligence à cet égard, ils ne seront point promûs à un grade supérieur, comme manquans de la fermeté nécessaire pour le commandement.

L.

Jeux.

LES jeux de hasard sont défendus aux Officiers & Gardes, sous peine d'un mois de prison pour la première fois, & d'être cassés pour la seconde : ceux qui auront donné à jouer ces sortes de jeux seront cassés dès la première fois. Il est enjoint aux Officiers de tenir la main à ce que les Gardes ne jouent pas trop gros jeu, même aux jeux permis; & il sera rendu compte par les Aides-majors au Capitaine de leur compagnie & au Major, de ceux des Gardes qui seroient connus pour des joueurs d'habitude & de profession, à l'effet de prendre les ordres de Sa Majesté pour qu'ils aient à remettre leur bandoulière, & à quitter le Corps.

L I.

Chasse.

NE pourront les Officiers des Gardes, ni les Gardes, prétendre aucun droit de chasse, ni chasser dans les dépendances des quartiers, s'il n'est rendu une ordonnance pour fixer l'étendue & les bornes de la réserve qui leur seroit accordée.

L I I.

Défense aux Gardes de rester à Paris sans une permission particulière.

Les Gardes qui auront obtenu des congés, n'en pourront profiter pour rester à Paris, à moins qu'ils n'aient d'ailleurs une permission particulière & expresse à cet effet, laquelle permission ne leur sera accordée par leur Capitaine, qu'en pleine connoissance des causes & motifs qui y rendront leur séjour nécessaire : tout Garde qui sera trouvé à Paris sans une pareille permission, sera cassé.

L I I I.

Garde mis aux arrêts ou en prison.

L'Officier commandant n'ordonnera point les arrêts ou la prison à un Garde, qu'il ne le fasse savoir à l'Aide-major ou Sous-aide-major, qui en donnera avis sur le champ à son Capitaine & au Major.

L I V.

Attention aux chevaux, armes & équipages.

Les Brigadiers & Sous-brigadiers auront attention à ce que les chevaux des Gardes soient bien tenus, les équipages en bon ordre, & les armes bien entretenues: ils veilleront à la conduite des palefreniers, & ils informeront les Aides-majors ou Sous-aides-majors, de tout ce qui pourroit être contraire au bien du service.

L V.

Défense de faire sortir les chevaux des quartiers.

Les chevaux des Gardes ne pourront sortir des quartiers, sous quelque prétexte que ce soit, & il ne sera permis d'en tirer aucun que par ordre du Capitaine, à l'exception de ceux qui auront été marqués aux revûes de Sa Majesté pour être remplacés, ou qui se trouveroient dans le cas de l'être.

L V I.

Compte à rendre par les Aides-majors à l'Officier commandant dans les quartiers.

Les Aides-majors, & en leur absence les Sous-aides-majors, informeront tous les jours l'Officier commandant dans les quartiers, de tout ce qui parviendra à leur connoissance, concernant le service & la conduite des Gardes.

L V I I.

Compte à rendre par les Aides-majors à

Il est expressément enjoint aux Aides-majors de rendre compte à leur Capitaine & au Major, de tous les Gardes *leur Capitaine & au Major.*

qui auront contrevenu aux articles de la présente ordonnance, & généralement de tous ceux dont la vie & les mœurs ne seront pas réglés, ainsi que de ceux qui manqueront d'exactitude & de régularité dans le service, à l'effet de prendre les ordres de Sa Majesté, pour casser ceux qui seront réputés indignes d'être dans ses Gardes, & le Major sera tenu de marquer sur le registre de réception des Gardes, les motifs & les causes de leur cassation.

L V I I I.

Compte à rendre par les Chefs de brigade au retour des quartiers.

Les Chefs de brigade, à la fin de leur résidence, viendront rendre compte à Sa Majesté, de l'état des compagnies, aussi-bien qu'à leur Capitaine.

ÉTABLISSEMENT D'UN CORPS-DE-GARDE, ET PATROUILLES.

L I X.

Établissement d'une garde, & sa formation.

Il sera établi dans chaque quartier une garde composée au moins de sept Gardes, y compris celui qui la commandera, & de plus, si l'Officier commandant le juge à propos, la moitié de ladite garde tirée de la tête, l'autre de la queue; cette garde sera commandée par un Garde de la manche, un Porte-étendard ou un ancien Garde dans la compagnie Écossoise, & dans les autres compagnies par un Porte-étendard ou un ancien Garde.

Ladite garde sera placée sur la place principale ou autre lieu qui sera jugé convenable, & pour cet effet les Magistrats seront tenus de fournir un logement commode, avec le bois & la lumière, conformément aux règlemens de Sa Majesté.

L X.

Relevée de la garde.

La garde sera relevée toutes les vingt-quatre heures, à l'heure qui aura été fixée par le Commandant de la compagnie, les Gardes s'y rendront avec leur mousqueton, le Commandant de l'ancienne garde donnera la consigne au Commandant de celle qui le relevera: Il y aura toûjours un Brigadier ou Sous-brigadier présent à la garde montante

&

& à l'inspection des armes qui sera faite par le Commandant de ladite garde.

L X I.

Consignes.

Les consignes générales seront affichées dans le corps-de-garde, afin que les Gardes soient instruits de ce qu'ils auront à faire, & si quelqu'un déchire les consignes ou les efface, il sera puni, pour la première fois, d'un mois de prison, & de plus griève peine en cas de récidive.

L X I I.

Tour de garde.

Les Gardes-du-Corps ne pourront changer entre eux leurs tours de garde, qu'avec la permission ou par l'ordre du Commandant de la compagnie.

L X I I I.

Assiduité au corps-de-garde.

Les Gardes partageront entre eux le temps de la garde, en sorte qu'il y en ait toûjours un en sentinelle portant les armes, soit de jour ou de nuit; & lorsque le partage ne pourra s'en faire exactement, le sort en décidera, ils seront obligés de coucher au corps-de-garde & d'y faire leur repas, sans pouvoir s'en absenter que par ordre.

L X I V.

Cas de desordre.

S'il survient du bruit dans la ville, auquel un Garde du Roi auroit part, ou que le Commandant de la garde soit informé qu'il y ait des Gardes qui tiennent jeu à des heures indûes, il enverra deux, trois ou quatre Gardes, pour arrêter les Gardes dans lesdits cas, & les faire conduire & détenir dans le corps-de-garde, jusqu'à ce qu'il en ait été rendu compte à l'Officier commandant & à l'Aide-major, & en son absence au Sous-aide-major.

L X V.

Visite des corps-de-gardes, & réparation des dégradations.

Le Commandant de la garde montante visitera avec celui de la garde descendante, le corps-de-garde, pour voir s'il y aura été commis quelque dégradation, auquel cas il en sera rendu compte à l'Officier commandant & à l'Aide-major; lesdites dégradations seront réparées aux dépens des Gardes qui les auront faites, ou à défaut de connoissance du délinquant, aux dépens des Gardes de la garde relevée ; la même visite se fera en la présence d'un Échevin, toutes les fois que la compagnie sortira du quartier, devant être tenue de rendre le corps-de-garde au même état qu'elle l'aura reçû, ou de payer les dégradations qui y auront été faites.

LXVI.

Compte à rendre par le Commandant de la garde descendante.

Le Commandant de la garde descendante rendra compte à l'Officier commandant & à l'Aide-major, ou en son absence au Sous-aide-major, de tout ce qui se sera passé durant les vingt-quatre heures de sa garde.

LXVII.

Visite des Aides-majors, & punition des Gardes absens.

Les Aides-majors ou Sous-aides-majors visiteront, de temps à autre, le corps-de-garde, pour voir si tous les Gardes y sont exacts ; ils rendront compte à l'Officier commandant, de ceux qu'ils auront trouvé absens ; & s'ils le sont sans ordre, ils seront punis de prison pendant un mois pour la première fois, & de plus grièves peines en cas de récidive.

LXVIII.

Il sera fait des patrouilles dans les quartiers, suivant les ordres particuliers qui en seront donnés par l'Officier commandant.

EXERCICES, REVUES, ASSEMBLÉES.

LXIX.

Exercice.

L'Officier commandant fera monter les Gardes à cheval, au moins deux fois la semaine, même pendant l'hiver, & les assemblera au moins une fois à pied pareillement toutes les semaines, pour les former aux exercices & évolutions militaires, conformément aux ordonnances du Roi rendues pour ses autres troupes. L'exercice sera commandé par les Aides-majors, & à leur défaut, par les Sous-aides-majors. Veut néanmoins Sa Majesté que de temps à autre, après que les Aides & Sous-aides-majors auront commandé l'exercice, l'Officier commandant le fasse recommencer, en nommant sur le champ tel Officier qu'il jugera à propos, même quelquefois un des Gardes pour le commander en sa présence.

LXX.

Revûes par les Commissaires.

Les Commissaires feront leurs revûes dans les quartiers, une fois tous les trois mois, dans les mois de janvier, avril, juillet & octobre. Ils ne passeront que les présens effectifs, & feront un état des absens par congé, conformément aux certificats qui leur en seront délivrés par les Aides-majors des compagnies, signés d'eux, & ils enverront des extraits desdites revûes, tant au Secrétaire d'État de la guerre qu'au Capitaine de leur compagnie, envers lequel ils demeureront responsables de tout ce qu'ils feront dans l'exercice de leurs charges.

LXXI.

Revûes par les Aides-majors.

Indépendamment de la revûe faite par les Commissaires de chaque compagnie, tous les trois mois, il en sera pareillement fait une particulière par les Aides-majors de chaque compagnie. Ils auront une attention particulière que les chevaux & les équipages soient en bon état. Ils obligeront les Gardes à avoir soin de leurs armes, sous peine de les remplacer, s'ils les gâtent ou s'ils les perdent. Ils auront pareillement soin que les Gardes qui seront commandés pour la garde des écuries, y fassent leur devoir. Enfin, ils dresseront tous les trois mois un état exact des chevaux qui manqueront dans chaque brigade, & ils en remettront l'état au Capitaine de leur compagnie, & au Major.

LXXII.

Assemblée des compagnies.

On assemblera tous les Officiers & Gardes dans leurs quartiers, un mois avant les revûes de Sa Majesté, pour les accoûtumer à vivre ensemble & observer la discipline militaire, & les Gardes qui ne s'y rendront point, suivant l'ordre qui leur en aura été donné, seront cassés & perdront leurs appointemens du temps de leur absence, s'ils n'en ont été empêchés par des raisons indispensables qu'ils seront tenus de justifier par des certificats des Intendans, Commandans ou principaux Magistrats des lieux.

HONNEURS.

LXXIII.

Honneurs à rendre au S.t-Sacrement par les Gardes à pied.

LORSQUE le Saint-Sacrement passera à la vûe d'une garde, d'un poste ou d'un détachement à pied, les Gardes prendront les armes, ou s'ils sont en marche, feront halte en ordre de bataille, & mettront un genou en terre, présentant les armes & ayant leur chapeau sur la garde de l'épée.

LXXIV.

Honneurs à rendre au S.t-Sacrement par les Gardes étant à cheval.

LE Saint-Sacrement passant devant une compagnie ou un détachement des Gardes étant à cheval, ils feront halte & se rangeront en bataille, les Officiers & les Gardes auront le chapeau sous le bras gauche & l'épée à la main, les Porte-étendards salueront avec leurs étendards, & les Officiers de l'épée, les timbales battront & les trompettes sonneront la marche.

LXXV.

Procession du S.t-Sacrement.

LES compagnies prendront les armes & monteront à cheval pour se trouver en bataille sur le passage des processions du Saint-Sacrement, dans les lieux qui seront jugés les plus commodes: Si cependant le Clergé desiroit que le Saint-Sacrement fût accompagné par un détachement à pied, le commandant du quartier commandera en ce cas vingt Gardes, avec un Brigadier & un Sous-brigadier, qui marcheront sur deux files des deux côtés du dais.

LXXVI.

Honneurs funèbres des Chefs de brigades, Exempts, Brigadiers, Sous-brigadiers & Gardes.

POUR le convoi d'un Lieutenant ou Enseigne, il y aura cent Gardes avec les timbales & trompettes, commandés par un Chef de brigade & deux Exempts, avec deux Brigadiers & Sous-brigadiers.

Pour un Exempt, cinquante Gardes avec quatre Trompettes, commandés par un Exempt, un Brigadier & Sous-brigadier.

Pour

Pour un Brigadier ou Sous-brigadier, trente-ſix Gardes & deux Trompettes, commandés par un Brigadier ou un Sous-brigadier.

Pour un Garde, vingt-quatre Gardes & un Trompette, commandés par un Brigadier & un Sous-brigadier.

LXXVII.

Officiers qui porteront le poële.

LES Officiers qui devront porter les quatre coins du poële, seront, autant qu'il ſera poſſible, de même grade que celui à qui l'on rend les honneurs funèbres.

LXXVIII.

Uniformes, port des armes, & décharges aux enterremens.

TOUS les Officiers & Gardes qui ſeront commandés pour aller à un enterrement, ſeront en grand uniforme, les Gardes porteront leurs armes traînantes, & après l'enterrement ils feront trois décharges de leurs armes, la dernière en défilant devant la porte de l'Égliſe.

LXXIX.

Timbaliers & Trompettes aux enterremens.

LE Timbalier & les Trompettes auront des crêpes à leurs chapeaux; les timbales ſeront couvertes de ſerge noire, & il ſera mis des ſourdines & des crêpes aux trompettes.

LXXX.

Changemens ſur les commiſſions de Capitaines.

ON ne donnera plus à l'avenir aux Gardes du Roi, les commiſſions de Capitaine de Cavalerie qui leur étoient accordées à quinze ans de ſervice; mais à dater de cette époque de quinze ans d'ancienneté dans le Corps; leurs ſervices commenceront de leur être comptés, comme s'ils avoient ladite commiſſion, pour leur ſervir non ſeulement à acquérir la nobleſſe militaire aux termes de l'édit de création, mais encore pour toutes les prérogatives dont ils peuvent être ſuſceptibles, comme d'être reçûs à l'Hôtel royal des Invalides en ladite qualité, & à obtenir des lettres de vétérance après vingt-cinq ans de ſervice accomplis, ſavoir dix ans après l'époque ci-deſſus de ſervice dans le Corps; voulant cependant Sa Majeſté que les Brigadiers & Sous-brigadiers aient toûjours à l'avenir ladite commiſſion de Capitaine de Cavalerie, qui leur ſera expédiée du jour de leur promotion à ce grade : Sa Majesté déclare qu'Elle en usera de même à l'égard des Gendarmes de sa Garde, des Chevaux-légers & des Mousquetaires des deux compagnies de sa Maison, pour lesquels Elle rendra une ordonnance particulière à ce sujet, se réservant aussi de ne plus donner des brevets de Lieutenant de Cavalerie comme ci-devant, au terme de quinze ans de service, aux Gendarmes de sa Gendarmerie, sans vouloir néanmoins qu'ils cessent de jouir des avantages qui pourroient en résulter.

ENJOINT Sa Majesté aux Capitaines de ses Gardes, au Major & aux Aides-majors, & autres Officiers de ses Gardes, de tenir la main à ce que les articles de la présente ordonnance, soient exactement & ponctuellement exécutés; qu'en cas de contravention, il lui en soit rendu compte, au défaut de quoi les Officiers demeureront, chacun en droit soi, responsables desdites contraventions, de même que s'ils en étoient les auteurs: Dérogeant Sa Majesté à toutes décisions, règlemens & ordonnances à ce contraires, se proposant d'ailleurs de suppléer par une nouvelle ordonnance à ce qui n'est pas compris dans la présente. FAIT à Versailles le vingt-huit décembre mil sept cent cinquante-huit. *Signé* LOUIS. *Et plus bas*, LE M.AL DUC DE BELLE-ISLE.

A PARIS, DE L'IMPRIMERIE ROYALE. 1759.

www.ingramcontent.com/pod-product-compliance
Ingram Content Group UK Ltd.
Pitfield, Milton Keynes, MK11 3LW, UK
UKHW020234180726
13838UKWH00005B/2377